AF234560

DESBORDAMIENTOS

POESÍA NAUTILUS

DESBORDAMIENTOS
ISABEL HUALDE

11/11

DESBORDAMIENTOS
Primera edición: abril de 2025

© De los poemas: Isabel Hualde
© De la fotografía de la autora: Pablo Álvarez
© Del diseño de cubierta y maquetación: Samuel Trigueros
© De esta edición:
  Nautilus Ediciones
  www.nautilusediciones.com
  nautilusedicioneshn@gmail.com

ISBN: 978-84-10241-43-5
Depósito Legal: Z 641-2025

Impreso en España, Unión Europea

ISABEL HUALDE
(España)

Obra: *El juego y el vuelo* (infantil); Poesía: *El entramado luminoso* (Irache/2011); *Cisne azul o cisne negro* (I Premio XX Certamen Internacional María del Villar/2015), *El ojo cegado* (Eunate/2015), *Reconstrucciones* (Vitrubio/2017); *Caminar horas* (Surdavoz/2019-México y Eunate/2019-Pamplona); *Código deontológico* (Círculo Rojo/2022 y Ulzama digital/2023); *Ashwayats* (Pez soluble/2022–Edic. 4 de agosto /2023-en bilingüe euskera-castellano); *Quemaba la vida* (Editorial chifurnia); *Canción de las voces diminutas* (Edic. El escorpión azul). Ha sido traducida al euskera, asturiano, francés, italiano, árabe y neerlandés. Incluida en treintena y nueve antologías nacionales e internacionales. Ha colaborado con asociaciones de mujeres (Andre Mari, Lunes Lilas, Asoc. Casco Viejo); Antologías: *Origen* (Grito de mujer), *Tu nombre en el recuerdo, Mujeres que no callan, Antología de mujeres iberoamericanas*. Premios y reconocimientos: I Premio XX Certamen internacional "María del Villar" de Tafalla-2015). Finalista en el II y III Certamen de microrrelatos Amnistía Internacional Valladolid. I Premio IV Certamen internacional de microrrelatos Amnistía Internacional-Valladolid/2023. Su poema "Mujer-escritura" figura grabado sobre la escultura "Mujeres y libros" (Parque memoralístico de la mujer-Peralta. Marzo-2020).

Desbordamiento:
1. m. Acción y efecto de desbordar o desbordarse.
Sin.: desborde, rebosamiento, derrame, crecida, riada,
inundación, anegamiento, anegación,
desenfreno, desmadre, desparrame.

LA QUIETUD DE LA ORUGA
(je est une autre)

Entrar en un libro, leerlo por primera vez, es como sentar-
se frente al espejo a la espera de "algo" que nos re-clama,
nos con-mueve, nos acerca y nos aleja a la vez: Olvidarnos.
Darnos. Dar. Cuando Isabel me propuso acompañarla en su
próximo libro, tuve un momento de vacilación. Y es que los
libros no siempre nos encuentran de la misma manera y, se-
gún cómo nos encuentren, las palabras brotan a saltos o a
tropezones. Los libros, más si no se han liberado aún de su
autor, vienen cargados de incertidumbre.

Un prólogo suele ser el puente entre autor, obra y lector.
O no. Menos mal que Borges acude al rescate: "para conocer
a un autor hay que leer al autor, no lo que se escribe sobre
él." Por eso, lo que yo pueda decir aquí es sólo parte del ritual
que supone acompañar a una poeta en su nuevo libro: *Des-
bordamientos*: Regresar al lenguaje, esa Morada donde cuer-
po y alma no compiten, se sostienen. Regresar al fondo del
fondo de una misma caminando las horas de un viaje hacia
la Esencia. Desde las voces que nos habitan y re-construyen.

En el propio nombre y en el de todas las que han sido y las que vendrán: entre "las que escribimos" y "porque siempre son ellas: una Antología de seis mujeres poetas que posibilita el canto desde todas las que somos.

Todo es "ficción" en este libro (Pessoa), tal vez por eso *Desbordamientos* rezuma verdad en cada uno de los tramos que lo vertebran. Estamos ante una propuesta original en la trayectoria de Isabel Hualde, una autora que no se esconde en la escritura, que sabe decir yo y también "yo es otra" (Rimbaud), pues cuando algo acontece, como señala Chantal Maillard, no hay escapatoria. Así, las seis mujeres convocadas aquí, enredadas en un acontecimiento relacionado con la muerte, acreditan que escribimos para que el agua envenenada pueda beberse (Ch. M.), y también, felizmente, para que ese algo con plumas de E. Dickinson pueda posarse en el alma. Seis poetas que, con voces y formas distintas, muestran la capacidad de Isabel para acercarse al poema desde lugares diversos, algo notorio ya en sus libros anteriores.

Este libro, como lo fuera *Reconstrucciones*, es un lugar refugio para dar cobijo a todas las mujeres heridas, creadoras, luminosas que forman parte de la autora, que constituyen su propia voz: esa voz que me visita por la tarde, cuando me ausento sin saberlo de mí, esa voz también es mi voz (A.S.).

En el fondo, nos escribimos en cada libro. Re-escribimos, nos re-inventamos. En *Desbordamientos*, a diferencia de esos libros que se ensimisman, el paso del yo al nosotras es natural, inevitable: la individualidad se afianza en el plural al tiempo que se diluye en él. Isabel Hualde sabe bien lo que es ponerse en otras pieles, única forma, tal vez, de traspasar la propia piel, de llegar al fondo de sí misma desde una escritura sanación y salvación. Ese Lugar desde el que, como le ha sucedido a otras mujeres poetas, poder decir yo sin temor, con la libertad que otorga "tener una casa que me permite recogerme en la quietud de la oruga". Con el poder que confiere ese vehículo de emociones que, según Katalina Santisteban, es la Poesía.

Sucede que, a veces, entramos en un libro sosteniendo el papel y las palabras desde el borde de un acantilado. Asumido el riesgo y mitigada la sed, os invito a transitar estos *Desbordamientos*. A partir de aquí todo queda por leer, por vivir, por escribir. Abandónate. Desbórdate. Sé parte de este palimpsesto.

Ángela Serna
(Algún lugar de Gasteiz)
Otoño 2024

Nota de prensa:
26 de febrero/2024

Ayer, en la carretera que atraviesa el Baztán, tuvo lugar el accidente en el que falleció la joven poeta Gabriela Istúriz Losada, resultando también herida de gravedad Luz Clara Bisset, que tras haber sido operada de urgencia, permanece en la Unidad de Cuidados intensivos. Ambas regresaban del Encuentro literario que se había desarrollado en el albergue "Erreka-etxea", situado en Erratzu, promovido por Katalina Santisteban con el objetivo de compartir sus diferentes escrituras y experimentar la poesía como vehículo de las emociones.

Se ignora el motivo por el que el vehículo conducido por el taxista Faustino Garde se salió del asfalto. Hoy llegarán a Iruña sus compañeras Ilargui García, Raquel Serna, Teresa Mongay y Alazne Garro, que habían alargado por un día su estancia en Erratzu.

He reunido en este libro a las vivas y a las muertas.
Para que deje de cimbrearse la lengua en el olvido.
Para que cante la aurora su dicha de vivir sin miedo.

Katalina Santisteban

LAS QUE ESCRIBIMOS despertamos trastocadas por vocablos urdidos en la pleamar de la noche, sabiendo que las palabras crean y establecen puentes, hasta que en el próximo verano se sumergen en arrecifes coralinos semejantes a las anémonas, para ser desplazadas por otras más actuales, singulares como jitanjáforas o dictadas por otros labios que las convocan. Nos preguntamos si las musas nos inspiran en calentura de metáforas, hipérboles y versos rimados, o es la voluntad del trabajo la que construye el poema, sin añadidos artificiosos de fragancias, modas, oficinas de alacranes, cuervos o grupas trotadoras; sin el cometa de brillos que esa niña de trenzas suelta para volar, alejándose de la mano maternal que la retiene a la tierra.

LAS QUE ESCRIBIMOS permanecemos a resguardo en la casa de los versos o flotamos con la mirada perdida en ningún lugar, abstraídas en divagaciones o paralizadas ante el reflejo que rastrea la primera luz del día sobre el asfalto, o ante la señal metálica que anuncia cambio de sentido: el viento, el crujido, la flecha, la veleta del viento… En ocasiones deambulamos hasta ser arrebatadas por el ritmo del autobús interurbano que bufa su prisa, urgiéndonos a tomar asiento. Y temblamos frente a la entrada de un laberinto de circunvalaciones catastróficas. En el frenazo tomamos nota de la frágil y esquelética anciana despedida de su asiento que termina en nuestros brazos, y revolviéndose, como si el mismo Zeus sostuviera su dedo, señala al conductor dirigiéndole frases nada poéticas.

LAS QUE ESCRIBIMOS ignoramos lo que el incierto destino nos depara en una pequeña carretera abigarrada de raíces y ramas frondosas. Sabemos que un día a todas nos guiará la barcaza hacia la oscuridad, aunque ignoramos si será suficiente el óbolo de las palabras dispuestas a vibrar y rehacerse corpóreas para salvarnos del inframundo, o una suerte de dados las dejará en mitad del río, cavilando eternamente a merced de la incertidumbre.

ILARGUI GARCÍA
¿Es el corazón el que hierve?

ILARGUI GARCÍA (Cáseda/2005)

ANTES
Había algo más que suscribirse a la música y metáforas de versos. Algo más que limitarse a aquello que el ojo desea ver, algo más que desbordarse en la piel y la lengua, o prever el trance de una borrasca.

DESPUÉS
Están las deshoras, los crujidos, las paredes de la casa. Están las poetas, alguna amazona entre ellas. Y aquella que versificando sobre Helena Wanda, nos deja sin aliento.

FINALMENTE
Se precipitan las cosas, justo en la intersección de una senda en la que zigzaguean jabatas olfateando territorios de raíces y bellotas, y la antigua carretera, por la que silban conductores tan relajados como si el mundo les perteneciera.

Y está Luz Clara, siempre como encogida y pidiendo permiso para existir, temblequeando sobre una cuerda infinita que amenaza el equilibrio.

Amiga, ¿por qué no acudiría yo en auxilio de tu grito silencioso?

DESBORDAMIENTOS

1
Mujer azafrán
Al modo en que frota el mediodía
su espalda de fuego.

2
Hoy hace frío en la clase de cocina.
-Sólo trabajo y método-.
La cuchara, cuchara,
la sal, sal.
Y la pimienta.

Hervido de alcachofas:
eliminas las hojas duras
y dejas solo el corazón.
¿Es realmente el corazón
lo que dejas?

¡Quién lo iba a decir!
la ternura hirviendo en la olla
y la dureza en el cubo de basura.

¿Es el corazón lo que hierve?

3
El gentil novio,
pies de siete leguas y ojos

de búho enamorado,
olfatea acuerdos.

Silenciosa se eleva la falda de Clara.

Y no es el viento.

4

Siguiendo la ruta de tus manos
el miedo dispersa su consigna.

Se hace añicos,
balbuceo,
dulce danza,

mordisco de luz.

5

Un poco de azafrán
en la risa de María.
Y una pizca de canela.
Tierna evocación
de los sentidos.
Beso ardiente.

6

La noche fijó en los ojos
ascuas y destellos,
como semáforos encendidos
a la intemperie.

Ella quiso hablar
de luciérnagas en celo,

brasas,
exóticas clases de baile
o algo parecido al amor.

7

Alguien abrirá la puerta.
Me quedo en el enigma
de lo que sucederá
cuando el desbordamiento
nos arrase,
yo,
anclada siempre en tu retina
sin camisa de fuerza.

Y
en
mitad
de la noche,
pulsar el botón de lo imprevisible.

8

No olvides escanciar amapolas
en el crepúsculo.

A dónde huir,
cuando hasta el cielo libera
su estallido de fiebre
en carne viva.

Arteria,
temblor,
o sacudida prodigiosa,

un suicidio en las entrañas,
J
U
E
G
O
amor improvisado
y cauce.

Flamea y flamea sobre las viñas rojas
un ocaso,
cualquier septiembre.

9
Oblicuo exhibe
su semblante de lujo la luna.
Declinan tus párpados
intermitentes
resurrecciones
otoñales.

10
Chimeneas de color
las medias sudan lo suyo
entre sus manos:
zigzag.
Hay
letargos posteriores
que mejor no describir,
letargos como serpientes
calentando el invierno.

Si llegas a la cabeza,
zigzagzigzag,
seguro
te alquilo el cielo.

11

Hay flores extendidas
entre tu corazón y mis sábanas.
Octubre, octubre,

spaguettis gratinados
al sol de tu presencia.
El deshielo,
-cariño-,

palomitas
saltando,
todo gira,
todo arde
en esta agitada
respiración
de la memoria.

DESCRIPCIÓN

Introducir
la pluma
en tu biografía
y no encontrar nada,

sangre, aroma, o nube.

Y describirte a tajazos,
y culminar la obra
con mi rúbrica inocente.

LO IMPERFECTO

Lo imperfecto tiene ese aire indefinido
que lo hace perfecto a su manera.

Lo imperfecto desciende a los campos
asoleados y sin espigas
tras el fragor de la cosecha.

Imperfecta desnudez la de los cuerpos
sometidos a la erosión de los años.

Imperfecto el eco de la palabra
que tropieza con la dulzura de tus besos.

Lo imperfecto es lo perfecto
revestido de cierta INSUMISIÓN.

VIRTUAL

La que escribe enarbola su tablet y nadie abre los brazos.
¿Están vivos?

Adiós a las promesas concebidas en mensajes de texto,
adiós a la caligrafía de los besos virtuales,
adiós a los bostezos y a la agorafobia.

Vuela búnker de rostros embozados.

La que escribe enarbola su tablet y abre sus brazos.
¿Están vivos?

LUZ CLARA BISSET
Las heridas que callas supuran en tu lengua

EN LA UCI

Quién es la mujer que duerme en la sala de los inciertos despertares. En qué universo permanece aquietada en el envolvente sopor de la anestesia, como si ningún lugar, verso o leyenda, afines a su espíritu, la reclamaran.

Ninguna detonación, ningún sonido metálico altera este nicho de silencio. Ningún pequeño gesto o estremecimiento bajo la sábana blanca. Ni siquiera un parpadeo que diga "abriré los ojos para recibir esta luz naranja que el atardecer filtra en la habitación". Si el tiempo no apremiara se sucederían extraordinarias historias que esparcirían sobre su cuello pétalos de audacia; sin duda soplaría el cierzo sobre su corazón para otorgarle un algo de su propia fuerza.

Luz Clara, ¡a qué ese nombre! ¡Debieron coserla de forma más firme a la tierra!

LUZ CLARA BISSET (Olleta/2007)

¿Qué es esta extrañeza de sentirme ausente del mundo? ¿Es esto la muerte? Y si así fuera, no descansaría yo más ligera tras la proeza de reunirme con seis poetas que caminan, bostezan o ríen sin complejos?

¿No es la muerte acaso, ese trance de culebrear como lombriz que ahonda en la tierra, para guarecerse de las miradas escrutadoras, vértigo-soga-bisturí que saja y enmudece la lengua?

¿No es la muerte gruta-negra que inspecciona el pájaro cautivo de sí, buscando rendijas de luz inexistente? Lo que para Ilargi es enjambre de fascinación, en mí se declara azote de nevisca o galerna, desvarío de polilla doblegada a la grafía del viento.

ELLA
(Alejandra Pizarnik in memorian)

Reclamando
silencio
noches
distancias.

Conteniendo
el día
para no
entorpecer
la palabra.

Invertir amaneceres
alejarse de los otros
abortar el hambre
asesinar el miedo.

RESPLANDORES

Ese fulgor
que mira a través del cristal
y pide que regrese al bosque
la extraviada
        en el resplandor
de los corazones de aluminio.

        ***

El cactus llora su destino
en el pie de la niña.
El desierto calla.

        ***

Ojos que escrutan la noche.
¡Ahí
    ahí una ventana roja!
Lejos nevisca
distante el invierno.

        ***

Por una leve inclinación del cristal
su plumaje y su terror
chocan contra el suelo

súbitamente combate
        pico ensangrentado
                casi muerte.

POLILLA

Y yo, preguntándome cómo se partiría la tierra.
Y yo, preguntándome cómo sobrevive lo frágil.

Anne Sexton

Desnuda en la noche tiemblan sus alas.

La pequeña polilla
ha quemado en la llama
su mundo de transparencias.

MURMULLO

Veo un sombrero de paja
alejándose
del lugar de la costumbre

Veo una camisa de fuego
devorada
por la luz del mediodía

Oigo el murmullo
de un reloj de arena
en el interior de la gente

Pregunto por la rotura
de los cristales
y campanarios que crujen

quién poetizará
la transformación del agua
o cuando alcanzará la tarde
su momento de perfección

Y si regresará octubre
              regresará
atravesando las grietas
no cicatrizadas de los espejos
y de los rostros evasivos.

SIN EXPECTATIVAS

Una mañana de invierno ella dijo:
"Yo ya no quiero ser yo, o al menos,
no tan absolutamente yo como era entonces".

Pilar Salamanca

Un corte limpio
        definitivo.

Y decir adiós.
Sin aguacero sobre las calles
de la ciudad dormida.
Sin brillantes argumentos
decir adiós.

La herida serpentea
      como río de sangre
           en el aire viciado del día.

RESTITUCIÓN

Regresar al anzuelo-matriz
de las estrellas ocultas
en la respiración
de la noche.

Regresar al lugar fascinado
en el que deambulan las sombras
para rescatarme
              y rescatar
la memoria de mí.

LAS TEJEDORAS DE LA LLUVIA

Las tejedoras de la lluvia.
Huidas todas del instinto
del hambre y de la sed
de los desiertos.

Cansadas de sembrar
sobre la voz antigua
de corazones petrificados
y esquivos.

Las tejedoras de la lluvia.
Hilando hilando siempre
un tiempo sin ruido
que parpadea tembloroso
a soslayo de la esperanza.

RAQUEL SERNA
Todo lo que dibujas entrará en tu dormitorio

RAQUEL SERNA (Iruña/1990)

Cuando aún lo terrible no ha sucedido. Cuando no ha firmado su sentencia la razón de la muerte. Cuando Gabriela enuncia versos abriendo surcos en pasajes de la Historia. Cuando Luz Clara convoca voces, bucea en la tristeza y nos rehúye en trance de desaparecer.

"Tantos frentes abiertos como años por vivir", dije en alto la pasada primavera. Decidme, ¿quién ha inclinado la suerte de los dados hacia la tragedia? ¿De qué sirven ahora la ironía, el trampeo, los soflamas, poemas y recursos literarios? Amigas, habrá que hacer respirable la muerte y despertar del letargo. Una mujer tiende de nuevo su capa y su melena rojísima sobre el verdor del bosque.

CUERPOS BLANCOS, CUERPOS DESNUDOS

Dónde están las rosas
para mi sexo indefinible.

He sido sometida-sometido
al escrutinio implacable de la ciencia
 a la agonía del escarnio
inclemente de las bestias
en hangares de niebla y nicotina.

Qué necesidad de hurgar
en la hondura del placer
                    o de la grieta,
en el flujo de la sangre,
en el frondoso vello oscuro
de mi músculo erecto o contraído,
o en la humedecida y lujuriosa flor
de mi sexo exuberante.

Dulce Támesis,
fluye suavemente,
hasta que termine mi canto.

La danza y el futuro me acontecen:
Pero no solo el tacto,
              y por ti, el cielo
                    -me dirías-.

El ritual del amor desborda los contornos.
Cuerpos blancos, cuerpos desnudos.

Eliot me comprendería.

*T.S. Eliot. *El sermón del fuego*

LA FERIA

¿Quién aprisionó el paisaje entre rieles de cemento?

Lucía Sánchez Saornil

Como quiera que el viejo Henry
cruza la plaza
pavoneándose ante mí,
como si fuera mi dueño,
        poseído
por extrañas melodías en danza
y pasos de beodo.

Como quiera que posee el veneno
que aparta de su camino
a las niñas tambaleantes,
disolviéndolas en oro y purpurina,
con su opípara vida de maniquí
aquejado siempre de óxido
y artritis amatoria.

Como quiera que nada sabe
del oro rojo de atardeceres
que dejan tras de sí
los caminos polvorientos.

Dime,
    viejo Henry,
cómo podría vivir yo

sin arroyos, puentes o plenilunios
al calor de las hogueras,

sin extensiones de cielos abiertos
en tu extraño mundo de escaparates.

CAPERUCITA EXPLORA EL BOSQUE

Caperucita sabía que el bosque mostraría el claroscuro,
y que de él aprendería más que de la sola luz
del camino abierto.

Andrea Aguirre

Y por qué no comenzar
con el mismo lobo ocupando páginas,
recolectando niñas, flores,
mariposas y pájaros exóticos,
para vestirse con plumas
y perlas de rocío
en sus partes íntimas.

Caperucita en cambio,
más proclive a tatuajes,
eclipses de pensamiento
y experiencias intra-psíquicas,
explora el bosque.

¿Acaso no es ella
la que pregunta a las fuentes
-que todo lo saben y callan-
sobre la santidad
de los juegos prohibidos?

Y a continuación versifica
compitiendo en tozudez
con el cri-cri intemporal de los grillos.

Lo que sucede al anochecer
no cualquiera puede imaginarlo:
                    (se ruega a los cuentacuentos y mercachifles
                    se abstengan de tergiversar un ápice el final
                    de esta historia)
La abuelita,
            pelo de panocha y nieve,
Caperucita y el lobo comparten cama
en la casita del bosque.

Al amanecer, continúa Caperucita
sembrando la discordia y desacato
en las costumbres amatorias
de los espíritus del bosque.

SOBRE MI SOFÁ DE MAE WEST

Ella se retrae a los límites de un gélido,
aunque luminoso invernadero

Marina Aoiz

En unos minutos se apagarán
tus ojos de lagarto-verde-corazón.
En el whisky hay vertido cianuro suficiente
para tumbar la bravura de cien caballos.
Lejos,
    muy lejos,
arroja su chillido la ambulancia.

Nunca llegaron a tiempo de refrenar
la exquisitez de tu lengua
o retirar tus guantes de asalto.
Nunca jamás llegaron a tiempo.

Ahora tampoco lo harán. Ojos de lechuza
te vigilan en la noche.
Mañana saciaré mi hambre de croissants
y de nuevo seré la dueña de la casa
sentada sobre mi sofá de Mae West.

Duerme,
    duerme corazón,
ojos de lagarto anestesiado,
y ojos de lagarto verde.

Ya oigo a los cuervos
graznar en el invernadero.
¿No adivinas sus alas extendidas
rasgando el aire?

LA CARTA QUE NUNCA ESCRIBIÓ MARYLIN

...tiempo témpano de voz en singular
de palabras aisladas
y brazos que no saben nada más
que de sí mismos

María Cano García

La pelvis arde y la noche arde y me cabalga.
Husmeas entre mis muslos. Avanzas
y fijas los labios en mis pezones
encendidos sin remedio.

¡John!, te reclaman la rabia y el deseo.
La mirada clavada en la cima
más alta de una nación,
    -yo, su bandera-.
Y quedan rendidas las sábanas, mordidos
y resecos los labios por el fuego de tu nombre.

John,
    my love,
        my President,
me envías a Robert (entre hermanos anda el juego).
Los labios queman o empalidecen en el oscuro
trajín del desamor.
El cuerpo que ayer levantó un ejército
es ruina de estragos y moratones.

Mira, la casa es escenario calculado de píldoras esparcidas,
y hay gritos, nervios, secretos de estado, maldiciones y veladuras.

La blancura del silencio se tiende sobre mí, como si hubiera nevado.

ORDINARIA LOCURA

Desde tu perspectiva
no puedes poseerla,
como tampoco puedes
llenar tu propio vacío.

Porque ella ha cosido el dolor
a su vagina rosada.
Mujer ¿qué has hecho?
¿dónde está tu hendidura?
Y ella,
    Ornella en la pantalla,
los ojos más bellos del cine
fondean tristezas.

Él descose y muestra
a la cámara el imperdible
       ¡joder!
uno no debiera escribir
poemas sobre eso.

Chinasky
      t r a s t a b i l l a
balbucea
y mira el cuello
de la botella vacía.

Chinasky, Chinasky,

siempre
     em
         bebido

Ornella ¿dónde estás?

*Sobre el film de Marco Ferrari *Ordinaria locura.*

.

GABRIELA ISTÚRIZ
La obra encierra en sí el espíritu de su creador

GABRIELA ISTÚRIZ (Alzuza 1978-2024)

"Nunca olvides los vacíos que la historia no cuenta", escuché en la voz de mi padre, durante el blanco invierno que acallaba a los pájaros de Alzuza.

Ahora no sé el lugar que ocupa este cuerpo en el extraño vacío donde me encuentro, donde sin duda se detendrá la escritura para siempre.

Safo, Brodsky, Mary Shelly, Vincent, Mary Oliver, en qué espacio real o imaginario vagáis?

¿Y tú, hermosa y cruel Elisabeth Báthory, habrá alguien compasivo escuchando tus lamentos al otro lado del muro?

Y vosotras, compañeras de la palabra, ¿me buscareis a tientas en este laberinto interminable el que no me reconozco?

No conoce el arte de la navegación
quien no ha bogado en el vientre
de una mujer,
remado en ella,
naufragado y sobrevivido en una de sus playas.

Cristina Peri-Rossi

SAFO RECUERDA A SU AMADA

El sol declina en la ebriedad de la tarde.
Se baña el afán de la escritura
sobre páginas en blanco.

Dicen que no eres tú
la que gime y renombra la noche,
la que yace desnuda
y perfuma su vello dorado
en prodigio de lenguas y flores.

Que no eres tú la que excita
la altiva planicie del vientre,
la tierna memoria del lirio,
la que esparce estrellas sagradas
en silbos de viento.

Llueve desolación sobre las viñas de Lesbos.
La muda respiración de una ausencia
ocupa para siempre el corazón de los días.

ÚLTIMOS DÍAS DE ELIZABETH BÁTHORY
EN EL CASTILLO DE CACHATICE

Me llamo Elizabeth Báthory.
Dicen que la endogamia ha firmado
la crónica negra de mi linaje.
Que nací despojada de toda compasión,
que a mi paso temblaban los muros del castillo
y se escondían las sirvientas.

El dolor agarrotaba mis miembros
antes de que las lenguas y la ciencia
escribieran sobre mí,
y entre brujos, hechiceros y alquimistas
enrabiara mi boca por lengua del maligno.

Con ardor taladraba los cuerpos de estúpidas doncellas
y entre baños de sangre desafiaba a la muerte.
¡Qué! si mi piel rejuvenecía y despertaban mis sentidos
bajo el falo de Satán o junto al pubis de Karla
en múltiples alcobas.

Una carcajada se escapó de mi boca.
La sentencia dictó que debían recluirme
hasta morir emparedada
                              justamente
cuando alcanzaba la gloria en el arte de la belleza.

En la celda de Cachatice me paseo furibunda
ignorando a quién pertenecen los lamentos.

Aún el goteo de la sangre resuena en mis oídos
como eterna fuente del placer
a la que fui abocada por el árbol de mi estirpe.

PERCY BYSSHE SHELLEY NAUFRAGA
EN SU VELERO "DON JUAN"

Me pregunto quién partió contigo aquella noche
con el faro encendido de la palabra
entre el intenso oleaje.

Imagino a Byron dictando para ti
-página tras página-
el Himno a la belleza intelectual,
o a Mary,
recreando en los ojos del monstruo
absoluta tristeza.

O quizás fue Harriet, reclamando tu mano
desde las aguas del lago Serpentine
con su inflamado vientre.

Qué importancia tiene el nombre del velero
cuando la muerte que te ronda en el naufragio
adquiere el rostro de Keats o el nombre de tus hijos.

En eso pienso mientras camino por la arena
donde Mary contempla tu cuerpo incinerado
en la playa de Viareggio
        -tu corazón envuelto en seda-
junto a la miel de las palabras que brotan
de tu pluma o de la boca de Adonais.

Quién sabe si desde otra costa te llegan los gritos
de los sobrevivientes de la masacre de Peterloo,
mientras la cresta de las olas toca el cielo
y te adentras en las tinieblas con aquellos
que ocuparon, como fantasmas en torno al sol,
el libro de tu historia.

Me queda en la arena el molde dormido de tu rostro
el aliento de la noche y tú pasando como un sueño.

Rosa Lentini

MARY SHELLEY LLORA LA MUERTE
DE PERCY

Es a ti a quien debe el mar su inmenso corazón,
su opalina agua se muestra agitada y hunde las voces
en la profundidad de su vientre,
llenando de zozobra el alma enamorada
de la que aquí espera tu regreso.

¡Oh, amor!, si supieras como añora el espíritu
las historias y los versos que derramaban tus labios,
como aviva la llama el fulgor de los ojos
que brillan en torno a la lumbre.
Los muros grises de Villa Magni
reclaman que regreses
y te buscan las voces entre los blancos arcos
de las calles antiguas de Terenzo.

Compasión pido a los dioses enfurecidos
bajo el cielo tormentoso.
Que retorne mañana la cálida brisa
y la espuma blanca de las olas.
Que devuelvan las aguas tu cuerpo
a la suave caricia que emana de mis brazos.

Percy, dulce amor mío,
parece que en la infinidad de las horas
Eolo carece de sosiego
y solo habla de tempestades.
Cuántas veces he llorado frente al mar
que arrastra y sepulta los cuerpos
frente a la playa de Vareggio.

Un rostro desfigurado
que carece de la luz y de la belleza de tu alma
arroja el viento a la triste soledad de las orillas.

Guardiana quedo del hermoso poema
que escribiste para Keats, el poeta al que adorabas.
Yo tutelaré los versos de Adonais
junto a los finísimos cabellos que adornaron tu cabeza.

Una pira con aceite, sal y vino,
eleva al cielo el humo que te ensalza
envolviendo en dolor profundo
a aquellos que te aman.

Postrada rezo
para que los ángeles de la eternidad
te acojan en el cielo ofreciéndote
la llave de oro del perpetuo descanso.

Yo sé que éste es tu tierno corazón
y conmigo habrá de permanecer hasta la muerte.

Que venga VanGogh
a pintar esta mañana de rubias cabezas
antes de que caigan decapitadas

Blanca Eslava

CARTA INÉDITA DE VICENT VAN GOGH

Querido Theo: Hoy cada rincón de mi habitación sale de su letargo. Los muebles vibran y vibran los mustios girasoles, quebradizos sus tallos por días de enclaustramiento. Ellos reclaman respirar e inmortalizarse sobre paredes amarillas.

Dicen que la obra encierra en sí el espíritu de su creador. Así, mis girasoles extendidos por la casa dan muestra de mi ánimo cambiante.

Me pides que ignore la crueldad del mundo, gatos y lagartijas torturados por niños que señalan la locura en mi lienzo interminable. Piedras en sus manos de piedra y en sus miradas hostiles, heridas que perduran y duelen más que su ensañado golpeteo.

Sé que existen estrellas que mantienen hechizados a los cuerdos y a los locos.

En mi trabajo arriesgo mi vida y mi corazón: cielos y campos fundidos en la belleza, armonizados entre espirales de azul y un amarillo a veces excesivo y violento.

El sacerdote traduce que el diablo inspira mi obra. Me pregunto si no será la amargura de su lengua la que incita la turbiedad de su alma.

No siempre transitan cuervos en los trigales. Por ello rezo bajo la noche estrellada y reclino mi cabeza sobre los campos de Arles.

Desde el corazón tembloroso de mi mano, recibe el afecto de tu hermano

Vincent.

A la mágica historia de la ciudad
le faltaba un poeta perseguido,
una góndola llevando tu ataúd,
tu último, tu más bello poema.

Gabriela López Bono

BRODSKY REGRESA A VENECIA

Ciudad sumida en el letargo de la bruma
y de los ojos que la recrean
bajo la pétrea mirada de las Gorgonas.

Ciudad tristeza y ciudad costumbre de regreso.
Edificada sobre las ruinas del olvido de otra ciudad,
en el balanceo y cromatismo de las aguas del Neva.
Presagio del exilio metafórico de los versos
señalado por una gitana en la palma de la mano.

Ciudad anochecida
tras el gesto bruñido de las máscaras
y la furtiva confesión de los amantes
sobre el Puente de los suspiros.

Ciudad inventada como un santuario de belleza
contra el dolor de las nevadas del Gulag
y los paisajes de hambre empachados de miedo.

En el Palazzo de Papadopoly
planean ángeles cegados
entre el destello de las lámparas de cristal
y las vasijas traídas por Marco Polo
para el ensueño de sibaritas nostálgicos.

Nadie modernizará la tapicería de sus paredes
con el estallido de un disparo
sobre la sien iluminada de Josep Brodsky.

¿Dónde está la alondra? Si alguien lo sabe,
podría hacérmelo saber a toda prisa?

Mary Oliver

MARY OLIVER MEDITA EN EL BOSQUE

La ventana no es sino
un observatorio del silencio.

Más allá,
presume la montaña
de casas atardecidas
e incipientes estrellas
como hileras de gusanos.

Solo son luces artificiales
dice la voz que acostumbra
        a romper
el instante mágico.

Entonces,
        corres inútilmente
hacia el enigma
del viento y la belleza,
corres hacia el vacío
        y d i s o l u c i ó n
en el abrazo del bosque.

Pero nada sucede
ante la urgencia del mundo.

Ni siquiera un gorrión
con su negro antifaz
se detiene en tu mano.

Ni siquiera una alondra
de cresta erizada
atraviesa
       el aire.

Tus límites son tu búsqueda
       dice Rumi.

Ahora te abismas en el silencio y
       ERES SILENCIO.

La dulce alondra de la eternidad
se eleva en el corazón de la nada.

TERESA MONGAY
Alzada entre serpientes sorbe y escupe la ponzoña

TERESA MONGAY (Barásoain-1998)

Existe el dolor y existe la rabia, la determinación de luchar frente la mugre y la avidez de la arquitectura beligerante que devasta la tierra. Ese es mi sino.

Existe también la desolación, el no saber por qué claudica o se aferra a la vida lo herido.

Gabriela ha muerto. Así es y actúa la parca, de forma arbitraria y sin tener en cuenta disposiciones o rituales. Quizás no hubo grito de sorpresa, ni siquiera el aturdimiento de quien se le anubla la mirada en el soplo de la muerte. Quizás no oyó el crujido en el último instante.

Ignoro si desde el averno continuará vibrando su palabra esclarecedora, si se aplicará su voz en el consuelo de los allí derivados por el error descomunal de un dios obtuso y vengativo.

ESCENARIOS

Alguien está sola porque él ha desaparecido
en sus pensamientos.

Inger Christensen

La lechuza del insomnio tropieza en las paredes.
Un golpe de lluvia traspasa el lucernario
y algo como un escalofrío araña la escena.

El gruñido del perro refuta una exhalación
que ahueca los visillos
y atisbos de luz entreabren la puerta.

En la sala
el desconcierto de una nota sola
sostenida sobre el teclado.

Sucederá el cambio de las estaciones.
Sucederá el alborozo y aparición de las grullas
            -creo que te dije-.
La tierra negra de lo podrido dará sus frutos
dejando en la distancia espejismos
de las ciudades de invierno.

Algo me hizo sospechar de tu mudez:
COLIN THUBRON y tú os internabais silenciosos
en el horror y belleza de los gulags
de la taiga siberiana.

Qué importancia tenían para ti
gruñidos, lucernarios y sollozos
    o ese hálito espectral
que me vaciaba por dentro.

ELEGÍA PARA HELENA WANDA BLAZUSIAKÓWA

*La espalda combada para no mostrar
el rostro al carcelero que custodia la mirilla.*

Miren Agur Meabe

Hace frío en el valle de Podhal.
Frío en la celda de frías paredes
que invitan al cuerpo a ovillarse.

F r a c t u r a s.

La luz artificial todo lo confunde.
Digo calma y la palabra no escucha
y el eco vacío declara su espanto
y redoble de sombras.

Atrapada en lo que llaman
palacio de Zakopane
donde el horror y la tortura
afinan sobre mi alma
el arte de su oficio.

¿Qué será ahora?
¿asfixia o descargas?
¿temblor vértigo o desmayo?
La dignidad tartamudea.

¿Soy yo la que se arrodilla y cae?

¿Soy yo la que babea y me estorbo impidiendo que el cielo me reciba?

La mirilla se cierra y se cierra la noche dentro de mí.
Mamá, no llores, araño sobre la pared.
Abismos de dolor y tristeza desaparecen conmigo.

*Mensaje arañado por Helena Wanda Blazusiakówa, detenida a los dieciocho años en los cuarteles de la Gestapo en Zakopan.

CRY BABY
(Janes Joplin, in memorian)

Soy la que dice No
y en la soledad se consagra
como fuerza infinita
al fin reabsorbida/al fin libre.

Chantal Maillard

Te lloraban el desnudo y la belleza
de las flores. Y las noches, y las rabias.
Y las luces mortecinas de las calles.
Y las rosas negras.
Y las hondas voces.

Te lloraban la lluvia enternecida
y los silbovientos del espanto.
Y los ojos, los glaciares ojos,
orbitales músculos glaciares
de la muerte enlutecida
te lloraban.

Y la luz temblequeante.
Y los pliegues y el escollo a flor de agua
del naufragio en el alma entristecida.

Te lloraban el frío de los labios y la nieve
y las agujas de los hielos de invierno.

Y el gorjeo, el reclamo y el grito
de una niña solitaria
                              caían sobre ti.

Demasiado grande
el corazón para tu cuerpo,
cry baby.

Las rosas negras de San Francisco te lloraban.

LO EXIGE EL GUIÓN

*Rossy partió bajo la luna, una noche de fiesta
en casa de Mr. Brown. Un caballero la envolvió
bajo su capa y en sus sueños la llevó.*

Ana María Moix

Ella atraviesa los arrabales de una ciudad
de neón y fluorescentes.

Alguien recuerda su rostro
entre otros rostros
de imágenes borrosas.
Recuerda su voz perdida entre otras voces
de acento eslavo, chino, australiano,
griego, latino, alemán, cualquier acento.

Alguien la invita a desnudarse
en un círculo
de aspiraciones cinematográficas,
donde será prestada,
radiografiada,
succionada,
vendida
a chiflados jadeantes
tras las rejas de una mansión
en la cumbre del lujo.

Tan solo deberá dejarse lamer
en la noche polar de sus fragmentos,

desde la nuca a la lengua-ombligo-
clítoris-desgarro-matriz
de los sueños íntimos.

Hasta que el grito, la denuncia y la hecatombe atraviesen la
garganta del mundo, como atraviesa el dolor el espíritu de
tantas niñas-huríes malheridas.

EN LA OFICINA DE OBJETOS PERDIDOS

Había allí una boca desdentada
un ojo amoratado y un par de huesos rotos
que sospeché
podían ser de la pelvis
y del inicio de una cadera.
Desde luego
　　ningún escenario lírico
a la entrada del cielo.

Había también
un diccionario antiguo
en el que no venía mi nombre
un espejo que no me reconoció
y una hoja atestada de firmas
y nerviosas tachaduras
en la sección de reclamaciones.

TURNO DE NOCHE

AQUÍ el tiempo transcurre en calma infinita.
AQUÍ la noche asigna su dosis de píldoras,
sondas y brebajes sanadores.
También, algún susurro sobre la almohada,
como augurio de regreso al hogar,
luz radiante y buganvillas.

AQUÍ no hay espectros que flotan
en larguísimos corredores,
niñas engullidas por la rabia
vigiladas en severos recintos
por el ojo de un dios omnipresente.

Con suerte florecerán sus voces
y desliarán la madeja
del oscuro dolor que las engulle.

AQUÍ disimulamos incertidumbres.
AQUÍ permanecemos
-dulce serotonina que nos asistes-
con la firma trastabillada en bostezos
sobre brillante hoja de servicios.

AMAZONAS

Vas a llamarme loca
porque el miedo no está tatuado en mi frente

Marina Aoiz

Nos parieron
ignorando el hambre que arrastraba
nuestro valiente corazón.

Desnudas o ataviadas
bajo el deslumbre
de doloridos
      diamantes
         octogonales
      pulcros y pulidos

hemos transgredido leyes,
mirlos, normas, tendencias.

Hemos bifurcado el corazón
atravesando laberintos,
puentes y raíles prohibidos.

Hemos multiplicado nuestro amor
en las puertas del infierno.

Hemos estado aquí y allá.
Amazonas con el arco bien tensado
sobre el pecho desnudo.

ALAZNE GARRO
¡Arriba el sueño! ¡Abajo la razón!

ALAZNE GARRO (Santacara, 1995)

¡A dónde vas con tan caótico desorden! Y las máscaras...
esa fascinación por los maleficios y desdoblamientos. Y para
más inri, el insolente bigotito de Dalí.

Amargo escorpión, dorsal de piedra, pinza mecánica,
embargo...¡Salud, amigas, salud!, rompamos salvajes
posesiones, vertientes catastrofistas, precipicios, gargantas
codiciosas y anhelos vanos. Puja el horizonte por salir en
aguaceros. Contra la muerte por venir de la palabra, será la
rebeldía mi último deseo. ¡Al acantilado, al acantilado!

SALVADOR DALÍ

¡Arriba el sueño!
¡Abajo la razón!

Impecable tiesura
de bigotes
y autobombo.
Un solo ricito
        escapa
a la brillante lisura
del cabello.

Mister Dólar y su pose
en ojos del delirio.
Sub re a lis mo
re a li tis ta
re a li tis sub
re a li tis show

el show de los ojos
y bigotes del arte
cotizan en bolsa.

¡Abajo el sueño!
¡Arriba la razón!

DEGUSTACIÓN

(Dulce)
Puede que la guinda confitada
y un vestido almidonado
ceñido al altar de las creencias.

(Salado)
Floración de las algas
en el mar de los Sargazos.
O también la piel
de los cuerpos semidesnudos
regurgitados por las olas.

(Amargo)
El café madrugador
desafiando a las leyes
en las entrañas del Aita Mari.
Añadir la infusión
asociada al inicio de la vida
en el círculo del mate.

(Ácido)
El zumo de limón compartido
con Naim bajo la luz del albergue.
O quizás la sangre
de los versos escritos
tras el asalto a la valla divisoria.

(Umami)
Sin olvidar la exquisitez
de los quesos curados
y las frutas maduras

o el glutamato más potente del amor
extendido por toda la lengua.

LA CARCOMA

I

Anida inflama
ulcera supura
enmohece
envenena
bulle el
indigesto-
gastro-crónico-
escorpión
en el agua
estancada
de las emociones.

II

Después
deletreo daño
deletreo hielo daga
duda danza deletreo
adagiosanación
    AQUÍ
    AQUÍ
    estómago
    abierto
    a la luz.

DESDOBLAMIENTO

El psiquiatra pregunta
sobre la muchacha que tiembla
en el centro del Guernica de Picasso.

El psiquiatra toma notas.
El psiquiatra toma notas
y yo respondo al psiquiatra
que pregunta a la muchacha
que tiembla
                que soy yo
y que responde.

Será que el terror se adentra
y permanezco rígida.
Será que el toro bufa y golpea
y el cuello de la paloma
se quiebra en mis manos.

Será que la inocencia murió con la paloma
(ignoro lo que Freud diría al respecto).

Doctor
si desea saber algo más
sobre este crimen tan violento
debería dirigirse a la poeta
y ya después ajustamos los detalles.

LA CORBATINA

Especie animal de esbelto cuerpo
alargado y plano.

Esnobista irreductible.
Su piel cambia en peculiar metamorfosis
de flores rayas e incluso notas musicales
que se cimbrean sobre satén rojo-anochecido
o glamuroso tejido de seda.

Algunas corbatinas son todo sollozo
suspiro arrastrado de ensoñaciones
o vulgar aspiración
hacia esferas de predominio.

No fiarse si despierta con gesto
torcido y bronco como de resaca
o si adopta un aire de cisne inocente
o excesivamente ceremonioso.

En la fantasía nupcial que conduce
al imperio de los sentidos
no pocos gaznates sucumbieron
en el éxtasis mortal de sus nudos
corredizos y bellos.

El imperio de los sentidos-Película-guion y dirección de Nagisa Ōshima

MALEFICIO
(Exposición Tavira)

En la papelera yacen los kleenex
llorando la brújula loca del tiempo.
Termómetros que colisionan
y trastocan temperaturas
¿dioses transgresores?

En torno al rostro enmarcado en bambú
giran seis soles
de largas lenguas como tentáculos.

Las luces parpadean.
Ebrias siluetas se desplazan por la sala
sucumbiendo al maleficio.
Al acercarme
el rostro entreabre los labios y me succiona.

¡Oh mundo encantado!
ahora se deshace de mí
en una gran playa
donde explosionan los estornudos.

SINESTESIA

Alguien seducido-atrapado en la cápsula
del frío metalizado de los altavoces:

SE RUEGA A LA SEÑORITA QUINTANA
ACUDA RAUDA A LA SECCIÓN DE VENTAS.

Otro alguien lame el tapiz
donde mueren los gritos
de enjauladas palomas albinas.

Algunos observan sus impresiones
en escala de grises
paralizados por el dolor:
ibuprofeno depresión post-parto
astenia aflicción insomnio
reflujo gástrico suicidio vocacional.

En otro escenario
una libélula proyecta el sol desde sus alas.

Cápsula a cápsula comienza el deshielo.

RESILENCIA

PORQUE SIEMPRE SON ELLAS
Las de gesto retraído
y las que estudian su cuerpo
en la oscuridad de las grutas.
Las fantasiosas durmientes
y las *sinvergüenzadedios.*

PORQUE SIEMPRE SON ELLAS
Las que levantan torbellinos de polvo
y las que sacuden la espuela de los ángeles.
Las reflexivas con sus cruces a cuestas
y las que remontan hermosas colinas.

PORQUE SIEMPRE SON ELLAS
Las rubicundas hijas de cintas plateadas
a la grupa de pretéritas visiones.
Las clarividentes y las locas todas
que en el umbral de la noche
fundamentan la luz.

NOTAS y AGRADECIMIENTOS:

- Cito: *"Experimentar la poesía como vehículo de las emociones"*, sobre una idea de Teresa Ramos.

***

- *Cuerpos blancos, cuerpos desnudos*, quiero dedicarlo al muchacho de mi infancia cuyo nombre no he conseguido recordar, que emigró a Barcelona para no ser diana del insulto y de la incomprensión de sus coetáneos.

***

- Escribimos sobre lo que sentimos en cada instante, sea debido a la libre inspiración o al ejercicio obligado en un taller literario, pues siempre la poesía busca sus caminos para reconducirnos nuevamente hacia lo que ansía expresarse. Pienso que todas y cada una de las poetas que forman parte de esta recopilación habitan en mí, con sus diferentes edades y forma particular de abordar la escritura, con sus intereses en cuanto a la temática y las citas añadidas.

***

- Mi agradecimiento a Ana Martínez Mongay por la revisión del texto, y a todas y cada una de las poetas incluidas en las citas que enriquecen el conjunto. Y por supuesto a todos y todas aquellas de cuyas lecturas nos nutrimos y enriquecemos.

***

- Agradezco tener una casa, un refugio, un espacio que me permite recogerme en la quietud de la oruga, respirar en la reflexión o la incertidumbre, implicarme en emociones contradictorias, extraviarme, sospechar de la escritura manteniendo cierta testarudez contra lo exacto y racional. Agradezco el poder que me otorga una página, un cielo, tierra, río, en los que puedo detenerme a contemplar la vida. Un espacio de paz y de belleza abierto a la mínima brizna de curiosidad, un lugar para la palabra-otredad contra lo terrible que me asola cuando asola al mundo.

ÍNDICE

ALAZNE GARRO
¡Arriba el sueño! ¡Abajo la razón!

RESILIENCIA

DESBORDAMIENTOS,
de Isabel Hualde,
-11/11 de la Colección de Poesía Capitanas 3-
se terminó de editar y maquetar
por Nautilus Ediciones
en Zaragoza, España,
en abril de 2025.